www.tredition.de

AF185142

Dorothea Harrer

Wäre da nicht der Amselgesang

Gedichte

www.tredition.de

© 2016 Dorothea Harrer

Verlag: tredition GmbH, Hamburg

ISBN
Paperback: 978-3-7345-8275-2
Hardcover: 978-3-7345-8276-9
e-Book: 978-3-7345-8277-6

Printed in Germany

Natur

Wäre da nicht der Amselgesang

Nach sechs Tagen Herbst im Sommer

Der Dich aufweckt

Der Dir singt

Dass Kosmos, Natur, alles Lebendige selbst

Höhen und Tiefen folgt

Gleich unseres Herzschlags

Dessen gerade Linie Stillstand und Tod berühren

Noch ummauert weißgrauer Nebel die Sicht

Der Sonnenmorgen wird kommen

Ich mag Gärten, in denen Sträucher streicheln

Und Orte, wo Herbstlaub die Füße umhüllt

Ich mag Spaziergänge

Bei denen der Wind den Körper fordert

Und Abende, die voll Sonne, Licht und Blüten sind

Ich mag Himmel mit Wolken

Die zur Begeisterung verlocken

Und frühe Sommermorgen, an welchen man meint

Dass die Sonne sogar die Nordseite bedenkt

Ich mag Novembertage

Die Kerzenlicht zur Geltung bringen

Und erfreue mich an Kindern

Die bei Wind und Wetter mit einer Selbstverständlichkeit draußen sind

Ich mag Tage

Die ohne besonderen Grund voller Freude bersten

Und Stunden, in denen man erfährt, wo der eigene Weg hingeht

Ich mag Minuten

In denen jede Zelle durch Musik vibriert

Und Zeiten

In denen Zeit für mich keine Rolle spielt

Sanft fällt das Blatt

Im kahlen Herbstwald

Auf federnden Boden

Der seine endliche Haut

Bereit hält

Zur unabwendbaren Aufnahme

Die schonungslose Umwandlung bedeu-
tet

Für Neues

Welches die Spuren des Vergangenen

Nicht verletzt

In den Startlöchern der Natur

Trilliarden von Trieben

Noch ein Sonnenstrahl

Und dann erfolgt der Knall

Naturknall

Die Entfaltung muss doch laut sein

Aber es ist still

In jedem Jahr

Auch die Faszination des Jungen

In jedem Jahr

Die Hoffnung des Neubeginns

Die leiser wird

Von Jahr zu Jahr

Füße im Tau

Auf jungem Grün

In frischem Laub

Zwischen Waldfrucht

Und Steinen

Uralt

Wo bleibt die Angst

Vor der Endlichkeit

Orte

Seesommer

Beim Schwimmen der Gedanke
Wenn das Paradies so ähnlich wäre

Die Sonne gleich einer Goldmünze
Die sich zur südlichen Halbkugel auf die Reise
macht
Der Blick auf die Alpen
Die noch das Weiß des Winters präsentieren
Der See wie Samt

Lebhafte Stimmen vom Ufer
Eine junge, übergewichtige Frau
Die ihren dünnen Hund ins Wasser jagt

Ein vorbeifahrendes Schlauchboot mit Schnäpp-
chenmaßen
Das ein Vater mit seiner Leibesfülle vollkommen
ausfüllt
Am Rande zwei ausgemergelte kleine Jungen

Die Konversation im Wasser mit einem Urlauber
Der uns um die See-Nähe beneidet
Aber den Augenblick genießt
Und der Einheimische

Der in seinem kleinen Kahn jeden Tag
Die Wucht der Schönheit der Landschaft erfasst

Ein verankertes Motorboot in Ufernähe
Auf dem sich eine Freibusige sonnt
Und sich während unseres Vorbeischwimmens
Ihre Blöße bedeckt

Die Bewegung der Wellen
Jeden Tag anders
Unberechenbar, unvorhersehbar
Vor dem Sturm oft spiegelglatt

Und wenn man sich gerade im Seidigen
Warmen aalt
Strömt aus einer Tiefe Kälte empor
Die dazugehört und sich verbindet
Und Eins wird mit dem Ganzen

Und beim Schwimmen der Gedanke
Wenn das Paradies so ähnlich wäre
Ich möchte hin

Der Wind streichelt sanft

Hüllt die Mittagshitze ein
Die Abende wie 1001 Nacht
Geckos gehen auf Beute
Das unermüdliche Meer, das den Ton kreiert
Fischerboote und Sterne in Konkurrenz

Der beginnende Morgen eine Explosion
Stimmen im entstehenden Licht

Tagsüber Paradiesvögel
Und Blüten
Aus dem Nichts erscheinend

Frieden in uns und an diesem Ort
Der Prozess beginnt früher
Die Philosophie am Anfang
Gelebt von Menschen
Erlebt durch Menschen
An Körper und Geist
Immer auf der Suche nach Balance

Tränen lösen sich
Benetzen die Haut

In der Ferne der Flötenspieler

Gedanken
Empfindungen
Ängste

Ausgelaugt

Keine eigenen Gedanken

Keine eigenen Worte

Wiederholungen und Plagiate

Der Körper funktioniert auf Sparflamme

Schwerer Atem – Brustschmerz

Entgleiste Ruhe

Nacht fließt in den Tag hinein

Die Gedanken von Träumen noch schwer
Mit wachen Blitzen bei den Aufgaben des Tages

Dann der morgendliche Rhythmus
Dessen wohltuende Gleichmäßigkeit

Durch die Extrasystolen des Tages
Uns in der Lebendigkeit halten

Der Tagesrückblick mit schweren Gliedern und
Gedanken

Die sich von federleicht bis bleiern verkörpern
Und so oft das Tor zum Schlaf vergittern

Und die Freude auf die zu lesende Literatur

Deren Sprache immer mal wieder
Beim Verlassen des wachen Zustandes
Ihre Fortsetzung findet

In der tosenden Meeresstille

Erhaschen treibende Gedanken

Den Hauch von Ewigkeit

Konturlos wird Gestern und Morgen

Im Spiegel des betrachtenden Ichs

Erahne ich die Bedeutungslosigkeit

Des eitel gehätschelten Egos

Der Einmaligkeit des Jetzt

Halte ich meine Wange hin

Und stehe wankend und fest

Als Teil der universellen Wiederkehr

So viel Helligkeit

So viel Licht

So viel Wärme

In Stunden des Tages

Die der Geschäftigkeit ihre Gewöhnlichkeit entziehen

Und mit ihren solaren Energien den Abend erfüllen

Jede Nacht feiert ihre Einmaligkeit

Deren Kopie nur in den Träumen erscheint

Die Reizung aller Sinne

Die in ihrer Kombination und Konzentration

Rekonvaleszenz-Effekte setzt

Und einen Schweif der Ewigkeit erhascht

Die Einsamkeit in der Gruppe

Wenn alle anderen spritziger

Humorvoller, geistreicher erscheinen

Und auf einmal das Verständnis

Und die Empathie für Dich

In so vielen ähnlichen Situationen

Das Wissen darüber

Schon so lange präsent

Doch das tiefe Empfinden dafür

Ist neu und überwältigend

Schnell ist der Tag

Zu schnell ist der Tag

Jeder Impuls am Morgen jagt den Anderen

Bevor die weiteren Stunden sich gleich einer olympischen Disziplin durch den Tag ziehen

Demonstriert der Mittag seine ersten Schwächen

Und wie bei einem Marathon ständig auf die Uhr schauend

In Hürden, Geraden und Unebenheiten den Aufgaben nachkommend

Zeigt sich der Abend

Das Ziel erst im Visier

Zum Feiern fehlt die Kraft

Langsam ist die Nacht

Zu langsam ist die Nacht

Zufriedenheit

Assoziiert mit Glücklich sein

Mit Wunschlosigkeit und Resignation

Gleich Stagnation

Das Leben in seiner Lebendigkeit

Bietet sich an

Und was bleibt ist das Hinterfragen

Nach all dem Übernommenen

Nach all dem Routinierten

Nach all dem Veränderten

Nach all dem Manifestierten

Nach all dem Weitergegebenen

Wie einzementiert in warmem Raum

*Dessen unbewegliche Endlichkeit Sicherheit
schafft*

*Die dann durchflutet wird von Musik die außer-
halb begann*

Deren vibrierenden Macht

Die wissende Grenze sprengt

Und jede Zelle flutet

Die nicht nur dem Raum die Materie nimmt

Sondern auch der Zeit die Schwere

Es sind Worte

Die bleiben
Ein geformter Hauch, gegenstandslos
Der treffen und einschlagen kann
Gleich einer Bombe
Und Wunden erzeugt
Die tränenlos offen bleiben
Und keine Vernarbung zulassen
Der Berührung ausgesetzt ein Leben lang

Und es sind Worte
Die bleiben
Die gleich einer Aura Schutz geben
Und ins Innere vordringen
Jederzeit Abruf bereit

Und wie es Worte gibt
Die sich im Überfluss ergießen
Gibt es auch die vermissten
Deren Chance Gehör oder Gestalt zu finden
vertan ist
Und nach deren Einmaligkeit
Man im Konsens des Geschehens
Immer suchen wird.

Und dann breitet sich unendliche Traurigkeit aus

Wenn das Kinderlachen der vergangenen Tage

Nur noch als Echo schallt

Wenn die Freude über eine gefundene Feder

Nur noch Erinnerung ist

Wenn das ‚Schau mal' und das ‚Warum'

Nur noch der Vergangenheit angehört

Wenn der Begeisterung über das morgendliche Frühstück

Nur noch Stille folgt

Wenn das ‚Noch mal' auf der hohen Schaukel

Nur noch gedämpft in den Ohren klingt

Wenn der Stolz, den Eisgutschein auf dem gesamten Weg

Selbst in der Hand halten zu dürfen

Nur noch Bilder hervorrufen

Und dann breitet sich ein Lächeln aus

Weil es Euch ja gibt

Und nur der räumliche Abstand Distanz schafft

Es ist der frühe Abend

Dessen junge Dunkelheit

Gleich einer Klammer

Den Brustkorb umschließt

Nachdem sich das Licht des Tages

Schweigend verhaucht

Es ist der frühe Abend

An den die Bilanz des Tages klopft

Und der das Wagnis

Des kommenden Tages verhüllt

Bevor die satte Stille der Nacht

Die Klammern sprengt

Und den Atem weitet

Man verabschiedet sich

Bis demnächst oder irgendwann

Wohl wissend
Dass es ein demnächst oder irgendwann Viel-
leicht gar nicht mehr geben wird

Verdrängung Optimismus Hoffnung

Dass es einen selbst noch nicht erfasst
Und Dich auch noch nicht

Veränderung ist unbequem

Unbekanntes macht Angst

Das Leben ist schön

oft

Es wird nichts endgültig sein

Langsam steigt das Gefühl im Körper hoch

Und setzt sich fest
Wie ein eingerammter Dorn
Der schon lange sitzt
Und dessen Berührung Schmerz erzeugt:

Dass Du nicht dazu gehörst
Dass Du nichts zu bieten hast
Und nichts zu erzählen
Deine Langeweile erweckt keine Aufmerksam-
keit
Keine Augen suchen Dich
Kein Blickkontakt
Du bist ein Schatten
Dessen Anwesenheit durch die hochstehenden
Sonnen um Dich herum
Kaum Schatten wirft

Deine feuchten Augen erkennen im Selbstmitleid
Dass Du jemanden brauchst
Der Dir den Stachel zieht

Es brodelt, es rumort, es arbeitet in mir

Seitdem sich der Gedanke
Dass ich mich von Dir lösen muss
Einen Platz gesucht hat

Verankertes aus Kindertagen
Trifft schleierhaft mein Bewusstsein

Deine Nähe macht mich zur Magd
Trübt die Gegenwart ein
Und die fehlende Luft zum Atmen
Beraubt mich meiner Freiheit
Die im Inneren ihre Fesseln hat

Du bist dankbar und unkompliziert
Und ohne Wissen und Ahnung von meinen
Kämpfen
Meine kindliche Liebe zu Dir
Ruft mich jeden Tag zur Vernunft

Immer auf der Suche nach dem Schwert
Oder der sanften Lösung
Die Knoten der Fesseln zu lösen
Um uns zu entbinden

Menschen

Liebe

Liebe Menschen

Menschenliebe

Geliebte Menschen

Die Liebe zu Menschen

Hauchdünne Ego-Haut

Ausgefahrene Sensoren

Schwemme der Informationen

Geimpfte Eindrücke

Tränen

Tränenlos

Die Angst vor Verrohung und Immunität

Und es bleibt die Angst

Keine Tränen mehr zu haben

Für Ereignisse und Emotionen

Die das Leben in seinen Grundfesten rüttelt

Und es bleibt die Angst

Das Leben nur als Film wahrzunehmen

Der an Dir vorüberzieht

Und in dem Du nicht mitspielst

Und es bleibt die Angst

Dass durch die verkleisterte Haut

Deren Poren

Durch all das Gelebte und Gesehene im Vergangenen

Sich kein Schmerz mehr und kein Glück

Bohren kann

Und die Berührung ausbleibt

Konturen von Schatten

Unterbrechen

In gebrochenen Sekunden

Mit stillem Abstand

Zu festem Körper

Ahnungslose Momente

Und huschen ins Nichts

Bevor der Blick gewechselt

Bevor das Ohr gehört

Und doch wollten sie reden

Und die Gedanken kreisen

Und kreisen und kreisen

Und der Radius wird enger und weiter
und enger

Und es gibt ein Zentrum das strahlt

Und die Strahlen vergiften

Und Du zweifelst am Recht

Und an Deinem Erkennen

Und Schwarz und Weiß wird vermischt

Und in der Mitte des Geschehens

Wird der Abstand so groß

Und Du wechselst den Raum

Und der rote Wein macht es Dir leichter

Und die Nacht geht vorbei

Kindheit

Last auf das Kind

Das Leben ist kein Zuckerschlecken

Früh übt sich wer in Gottesfurcht

Auch Mongoloide gehören zum Leben

Und lebendige Leichen

Wie war das mit den Büchlein der

Sterbenskranken Kindern

In Gott geborgen

Alles aus Liebe – fürs Leben

Warum bist Du nicht fröhlich, Kind?

In zermürbendem Traum fragte ich Euch schreiend und klagend

Warum diese Strenge

Warum der belastende Streit

Warum die auferlegte Ernsthaftigkeit

Warum die nicht verstanden Verbote

Warum die quälende Gehorsamkeit

Warum die gefürchteten Strafen

Warum das Misstrauen in die kindliche Wahr-haftigkeit

Habt Ihr denn den unendlichen Schatz der jungen Seelen nicht erkannt

Wo bleibt mein Erkennen Eurer kompromisslosen Liebe

Das sich an so viel Selbstgerechtigkeit erinnert

Woher kam die Stärke, die Kraft all dem zu ent-fliehen

Waren es ,unsere' Stunden

War es die Musik, Ethik, die Kultur

Oder doch die Liebe

Die gedeckelt war mit Prinzipien

Angstvoll frage ich meine Kinder

Wovon träumt Ihr

Eingraviert in die zarten Blätter der Kindheit

Sind die Spuren empfindsamer Jahre

In dem zu eng gewordenen Raum

Fordert die Jugend ihren Tribut

Steine fallen aus geflickten Mauern

Erkämpfte Freiheit ringt nach neuer Luft

Wege trennen, schaffen Abstand, Weite

Finden Orte, kreuzen, Unbekanntes wird
gelebt

Der Atem treibt uns, füllt die Jahre

Stunden der Begegnung bereichern un-
seren Geist

Gedanken treffen auf genährten Boden

Verdichten mit den Lebensjahren das
geknüpfte Band

Zurück an den Stätten der Kindheit

Raubt die Erinnerung den Schlaf

Durch rücksichtslos agierende Synapsen

Gerüche werden zu Geschichten

Bücher zu Orten und Fluchten

Wege zu Freiheiten

Ecken zu Gefängnissen

Verstecke zu Glückseligkeiten

Und Menschen zu Träumen

Deren Alp sich die Waage hält

Mit Verunsicherungen und Komplexen

Schuldgefühlen und Streit

Ironie und Humor

Freude und Angst

Liebe und Hass

Traurigkeit und Glück

Alter Tod

Und dann ist der Verfall spürbar

Während irgendwo aus einem Bruchteil
Deiner eigenen Gene neues Leben entsteht
Wachst Du auf und es wird Dir bewusst
Du kannst das Leben nicht aufhalten
Weder in seiner Vergänglichkeit
Noch in seinem Aufbau
Du weißt es schon lange
Doch es blendet Dich grell - heute
Das Nachlassen der Körperfunktionen
Die keine Regeneration zulassen
Dass die Wiederholbarkeit Grenzen hat
Und sich eigentlich gar nicht wiederholt
Und dass es Situationen und Tätigkeiten gibt
Die endgültig vorbei sind
Aber dass jeder Tag nach wie vor
Spannend ist und sein wird
Und die Herausforderung
Im Umgang mit Neuem bleibt
Und mit der Verarbeitung von Altem

Atemberaubend ist die Welt

Geballte verschwenderische Fülle
Schwarz und weiß und bunt
Mit expandierenden Tiefen
Schmerzhafter erdrückender Enge Fantastischer
Befreiung
In taumelnden Höhen
Wie viele Offerten
Wie viele Entscheidungen
Wie viele Wege
Das Leben
Eingehüllt und eingebettet
In das Lebendige selbst

Irgendwann Erkenntnis und Mut
Ich habe mich genug gelebt
Auch wenn der Herbst
Noch nicht vorbei ist.

Wie jung ist man

Wenn die Tränen noch nass sind

Wieviel Jugend hat man noch in sich

Wenn die Emotionen einen beuteln

Wie alt ist man

Wenn das nicht einschlafen können

Vor lauter Vorfreude

Nur noch Erinnerung ist

Nur noch selten erreicht Dich das Heute

Weil Dein Geist im Gestern Fäden
schnürt

Und Du mit der Furcht vor Morgen

Im gläsernen Ring der Hilflosigkeit
stehst

Noch hält Dein Atem die Seele im Bann

Und Dein Ja zum Leben erstaunt

Doch Dein Körper ist matt

Die Stimme belegt

Deine Reise auf Erden ist lang

Und der von Nebel geblendete Weg

Lässt uns Abschied nehmen

Langsam und sanft

Wir werden unendlich traurig sein

Wenn die Bereitschaft
Das Lebendige zu verlassen
Umgesetzt wurde

Wir werden unendlich traurig sein

Obwohl der Schutz der Nerven
In der nicht messbaren Zeit davor
Angekratzt war
Und rohe Stellen Tränen trieben

Obwohl die bescheidene Freiheit
Ihre Mauern hatte
Und die Beziehung zu dem Bedeutendsten
Auf Grenzen stieß

Wir werden unendlich traurig sein

Und trotz all der Liebe
Den Bemühungen und dem Gutgemeintem
Während der Zeit der Gemeinsamkeit
Gewissenskonflikte haben

Doch es wird Frieden in uns einkehren

Und die hellen Stunden der Erinnerung
Werden wir blühen lassen
Und Heilung finden

Der Abbau der Körperzellen

Der schon in blühenden Jahren eintritt

Und sich nur durch die Summe
Der Erfahrungen kompensiert

Und diese Erfahrungen
Die ihren Stillstand aber erst erreichen
Mit der Beendigung der Lebendigkeit

Nicht im klinischen Sinne

Sondern im Sinne der geistigen
Und körperlichen Unbeweglichkeit

Alters-Starr-Sinn
Drei Nomen in einem Wort
In einem Menschen

Die Seele geht ihren Weg weiter

Betrachtungen

Du kommst an einen Ort

Und siehst etwas Bestimmtes

Oder Du nimmst einen speziellen Geruch
Eine Temperatur wahr

Und immer flammen dieselben Erinnerungen auf

Dieselben Begebenheiten

Dieselben Empfindungen kommen hoch

Dieselben Menschen und damit verbundenen
Emotionen

Es ist ganz individuell

Manifestiert

Du wirst es nicht los

Die Illusion, objektiv sein zu können

Selbst das Betrachten von Objekten ist subjektiv

Wer sieht schon das Rot so rot wie ich

Wer empfindet die 10 cm so lang wie Du

Und auch die Wahrheit ist individuell

Jeder hat seine eigene

Fragend

Instabil – Erneuerbar

Zweifel nagen beharrlich meinen Raum

Dass man an all seinen Aufgaben

Immer nur wächst

Dass das Jasagen

Und der Glaube, alles schaffen zu können

Mit innerer Stärke verbunden sei

Füllt doch die körperliche Erschöpfung
nur Leere aus

Die den Geist in Mitleidenschaft zieht

Und Dich komprimiert statt entfaltet

Nicht zum Wohle Deiner Körper

Und den Menschen um Dich herum nicht zum
Gewinn

Da sind die eigenen Gedanken

Die Dich mit Scham erfüllen

Die auch immer wieder als Worte schlüpfen
Und Dich bloßlegen

Mit denen Du rechtfertigen willst
Mögen sie der Realität auch nahe kommen
Sie bleiben gedacht, gesagt

Und irgendwann später
Wenn die Zeit ihre Lösung gefunden hat
Würdest Du gerne löschen können
Was aus Deinem Ego heraus entstanden ist
Und schlafraubend Dein Gewissen belastet

Wie viel Wert bewahrt Dir Dein Ich
Im altruistischen Sinne
Und verleiht vielleicht Würde

Hilflos stehe ich zwischen meinen meditativen Gedanken

Dass es jedem Lebewesen gut gehen möge

Mir selbst, meinen Lieben

Menschen, die mir etwas bedeuten, Freunden

Allen Lebewesen auf diesem Planeten

Und ich versuche einen imaginären Schutzmantel

Über mich, über jeden, über alles zu legen

Und denke auch an unser Haus, unseren Garten...

Und der gelebten Realität

Denn ich vernichte Schnecken, schlage nach Schnaken, töte Zecken...

Weil sie nicht in meinen Plan passen

Und merke, wie ich alles Lebendige nach Gut und Böse einordne

Wohl wissend, dass mir dies gar nicht zusteht

Da gibt es Angewohnheiten der Mitmenschen

Die zum wiederholten Male Aggressionen auslösen

Es sind immer die gleichen Tätigkeiten, Rituale
Bei denselben Menschen
Jedoch total unterschiedlicher Art bei jedem Einzelnen

Und es bleibt die spannende Frage: Warum
Was wird da angestoßen
Was hat sich da manifestiert

Und es gibt Eigenarten bei mir selbst
Die mich wach werden lassen
Und die mir Angst machen
Die ich hasse

Und oft wünschte ich mir
Ich könnte diese klebenden
Alle menschlichen Schwächen offenbarenden
Erbärmlichen Gewohnheiten
Rausschreien

Oder auch selbst angeschrien zu werden
Um den Ablösungsprozess zu forcieren

Es sind die bewegtesten Momente

Eines Jeden im Leben

Wenn man dabei sein darf

Wie eine Seele den Köper mit Leben erfüllt

Und man teilhaben darf

Wenn die Seele davonzieht

Und nur die Körperhülle zurücklässt

Und es sind die Jungen, die sagen

Hoffentlich flieht die Arbeitszeit
Weil die Freizeit lockt
Und die sich trotzdem wundern
Wie schnell die Zeit vergeht

Und es sind die Betagten die sagen
Der Tag ist lang und die Nacht ist lang
Und die sich auch wundern
Wie schnell die Zeit vergeht

Und es sind die in der Mitte des Lebens
Die vor lauter Arbeit und Eingebunden sein
Gar nicht merken
Wie schnell die Zeit vergeht
Weil der Atem zu kurz ist
Und die erst wieder aufwachen
Wenn die Jahre alt geworden sind

Und es sind die ganz Alten
Deren Zeitgefühl abhandengekommen ist
Für die es unbedeutend geworden ist
Welchen Tag wir haben, welche Jahreszeit
Ob Morgen oder Abend
Bei denen die Zeit ihre Wichtigkeit verloren hat

So viele Menschen

Jeder ein Individuum

Jeder verschieden

Und doch hin und wieder

Mit verblüffender Ähnlichkeit

Da steht irgendwo

Jemand ganz Fremdes

Und erinnert an einen Bekannten

Wie stark formen außer den Genen

Auch Lebensumstände, Gedanken

Nahrung und Psyche

Unsere Gesichter

*Und schaffen ab und zu sogar Ebenbil-
der?*

Das physikalische Gesetz sagt

Dass keine Energie verloren geht

Es treibt mich die Frage um

Was geschieht mit unserer körpereigenen Energie

Wo kommt die Energie her

Wenn wir geboren werden

Woher nehmen wir die Energie

Die zunimmt im Laufe des Wachstums

Und wo geht die Energie hin

Die danach im Laufe des Lebens ständig abnimmt

In was wird sie umgewandelt

Wer oder was bekommt sie

Gehört sie zu unserem individuellen Selbst

Nimmt vielleicht unser Geistes - oder Seelenbewusstsein sie auf

Oder verschwindet sie in den Kosmos

Liebe

Orte

Orte, die unsere Füße berühren

Sind gezeichnete Orte

Orte, die unser Atem umfasst

Sind lebendige Orte

Orte, die unsere Gedanken durchströmen

Sind liebende Orte

Orte, die unsere Seelen vereint

Sind heilige Orte

Sanft und still ist die Liebe geworden

*Nur noch selten durchbricht ein Schwall der
Worte die Harmonie*

*Der Schlüssel des Verstehens ist leichter zu fin-
den*

*Zur Akzeptanz des Anderssein und Andersden-
kenden*

*Und das Begreifen des Geliebten
im Sinne des Festhalten des Geistigen*

Bedeutet Liebe in der praktischen Umsetzung

*Die raffiniert ist und sich nicht jedem und nicht
in jeder Stunde offenbart*

Es ist eine Vision, ein Traum

Dessen geträumte Realität dich verfolgt und berührt

Dessen Ort Du kennst

Und doch noch nie betreten hast

Dessen Weg Du finden wirst

Und der Dich anziehen wird wie ein Magnet

Du weißt um den Menschen

Und er weiß um Dich

Ein Blick, eine Berührung genügt

Um die wiedergefundene Vollkommenheit zu spüren

Und um den Schmerz der Sehnsucht zu kosten

Dessen süße Dich trägt

Wer weiß wohin

Ich möchte Dir ein Gedicht schreiben

Weil mir die Sprache fehlt
Dir sagen zu können
Wie sehr ich Dich liebe
Auch wenn meine geschriebenen Worte
Dich selten berühren

Du sollst wissen
Dass ich nur mit Dir
Langatmende Nähe teilen kann
Obwohl die Einsamkeit
Immer wieder ihr Nest findet
Weil ich Dich in meine Vorstellungen Interpre-
tiere

Ich weiß um meine Ungeduld und Spontaneität
Die Dir so entlegen ist
Ich weiß um die Laus auf der Leber
Aus vermeintlich heiterem Himmel
Bei der Du mich in die Arme nehmen solltest
Und ich weiß um meine Unfähigkeit
Mit Dir im Gleichschritt zu laufen
Wenn mehrere Menschen meine Aufmerksam-
keit brauchen

Die auch Dir bewusst ist
Wo bleiben Deine Worte

Ich möchte Dir ein Gedicht schreiben
Weil mir die Sprache fehlt
Dir sagen zu können
Wie sehr ich mir wünsche
Dass Du mich verstehst
Und sei es nur in dem imaginären Bild
Dass Du Dir von mir machst

Unsere Seelen sind oft weit entfernt
Und treffen sich doch
Wenn der Geist kommunizieren möchte

Bewegungen – Blättern im Sommerwind gleich

Ohne bewusste Gestik

An Tagen der Leichtigkeit

Mimik - Gesichtern von Blüten gleich

Ohne Anspruch auf Eindruck

An Tagen des Miteinanders

Gedanken – Schmetterlingen gleich

Ohne festes Ziel

An Tagen der Unbekümmertheit

Worte – Wasserquellen gleich

Erfrischend mit der Sehnsucht nach mehr

An Tagen der Tiefe

Inhalt

Zeitfracht Medien GmbH
Ferdinand-Jühlke-Straße 7
99095 Erfurt, Deutschland
produktsicherheit@kolibri360.de